essentials

Essentials liefern aktuelles Wissen in konzentrierter Form. Die Essenz dessen, worauf es als „State-of-the-Art“ in der gegenwärtigen Fachdiskussion oder in der Praxis ankommt. Essentials informieren schnell, unkompliziert und verständlich

- als Einführung in ein aktuelles Thema aus Ihrem Fachgebiet
- als Einstieg in ein für Sie noch unbekanntes Themenfeld
- als Einblick, um zum Thema mitreden zu können

Die Bücher in elektronischer und gedruckter Form bringen das Expertenwissen von Springer-Fachautoren kompakt zur Darstellung. Sie sind besonders für die Nutzung als eBook auf Tablet-PCs, eBook-Readern und Smartphones geeignet.

Essentials: Wissensbausteine aus den Wirtschafts, Sozial- und Geisteswissenschaften, aus Technik und Naturwissenschaften sowie aus Medizin, Psychologie und Gesundheitsberufen. Von renommierten Autoren aller Springer-Verlagsmarken.

Weitere Bände in dieser Reihe
http://www.springer.com/series/13088

Johannes Moskaliuk

Motivationspsychologie für die Berufspraxis

Praktisches Wissen für Coaches, Berater und Führungskräfte

Prof. Dr. Johannes Moskaliuk
Neckartailfingen
Deutschland

ISSN 2197-6708 ISSN 2197-6716 (electronic)
essentials
ISBN 978-3-658-09600-7 ISBN 978-3-658-09601-4 (eBook)
DOI 10.1007/978-3-658-09601-4

Die Deutsche Nationalbibliothek verzeichnet diese Publikation in der Deutschen Nationalbibliografie; detaillierte bibliografische Daten sind im Internet über http://dnb.d-nb.de abrufbar.

Springer

Gedruckt auf säurefreiem und chlorfrei gebleichtem Papier

Springer Fachmedien Wiesbaden ist Teil der Fachverlagsgruppe Springer Science+Business Media (www.springer.com)

Was Sie in diesem Essential finden können

- Einen Überblick über grundlegende Erkenntnisse der Motivationspsychologie, theoretisch fundiert & empirisch gesichert.
- Coaching-Wissen für Coachs, Berater und Führungskräfte, praxisnah und prägnant aufbereitet.
- Coaching-Tools und Checklisten zum Download, die Sie direkt einsetzen können.

Einleitende Erläuterung der Begrifflichkeiten

Um die Methoden zu erklären, werden jeweils die Begriffe Coach und Coachee verwendet, um damit zwei Rollen zu beschreiben. Der Coach übernimmt die Verantwortung für den Coaching-Prozess, kennt die Methode und unterstützt den Coachee bei der Klärung seines Anliegens. Der Coachee ist Experte für das eigene Anliegen, entscheidet über Inhalt und Ziel des Coaching-Gesprächs und trägt die Verantwortung für die Umsetzung und den Transfer der Ergebnisse. Auch eine Führungskraft, ein Berater oder ein Kollege kann die Rolle des Coachs einnehmen und die vorgestellten Methoden einsetzen. Dann wäre der Coachee entsprechend Mitarbeiter, Kunde oder Kollege. Außerdem sind die Methoden geeignet, sich im Sinne eines Selbstcoachings mit eigenen Zielen zu beschäftigen und konkrete Strategien abzuleiten.

Inhaltsverzeichnis

Motivation als Schlüssel zum Erfolg: Psychologische Grundlagen

1

Den Begriff Motivation beschreibt das Bestreben, einen Ist-Zustand hin zu einem bestimmten Soll-Zustand zu verändern. Die Motivationspsychologie beschäftigt sich mit der Frage, welche Faktoren Motivation fördern bzw. hindern und möchte die Frage beantworten, was Menschen „antreibt" bestimmte Verhaltensweisen zu zeigen (also z. B. alles zu tun, um ein bestimmtes Ziel zu erreichen). Eine zentrale theoretische Idee der Motivationspsychologie sind Erwartung-mal-Wert Modelle. Mit der Formel *Motivation ist gleich Erwartung mal Wert* lässt sich die Stärke der Motivation beschreiben. Die Erwartung bezieht sich dabei auf die subjektive Einschätzung, ob mit einem bestimmten Verhalten ein bestimmtes Ziel erreicht werden kann. Der Wert beschreibt die Bedeutung, die dieses Ziel für hat, subjektiv oder objektiv. Erwartung und Wert sind also multiplikativ verknüpft. Das bedeutet:

- Wenn das Ziel einen sehr hohen Wert hat, kann das eine niedrige Erwartung kompensieren. Eine Person ist motiviert, obwohl die Wahrscheinlichkeit gering ist, das Ziel auch tatsächlich zu erreichen. Gleiches gilt, wenn der Wert zwar gering ist, die Chance, das Ziel zu erreichen, aber hoch ist.
- Wenn die Erwartung, das Ziel zu erreichen, allerdings gleich null ist, kann der Wert eines Ziels noch so hoch sein: Es kann keine Motivation aufgebracht werden, das Ziel zu erreichen. Gleiches gilt, wenn zwar die Erwartung vorhanden ist, ein Ziel erreichen zu können, aber der Wert, dieses Ziel auch tatsächlich zu erreichen, gleich null ist.

Die Grundidee der Erwartung-mal-Wert-Modelle ist von hoher praktischer Relevanz: Motivation ergibt sich aus der subjektive Bedeutung eines Ziels für eine

J. Moskaliuk, *Motivationspsychologie für die Berufspraxis,* essentials,
DOI 10.1007/978-3-658-09601-4_1

Person (Wert) und der Wahrnehmung der eigenen Fähigkeiten und Ressourcen (Erwartung). Motivation lässt sich deshalb nicht erzeugen, auslösen oder herstellen. Sie ist das Ergebnis bewusster und unbewusster Bewertungsprozesse, die neben der eigenen Persönlichkeit, Überzeugungen und Werten, auch äußere Rahmenfaktoren (z. B. Annahmen darüber, was andere über ein Ziel sagen) mit einbezieht. Die Möglichkeiten von Führungskräften, Coachs oder BeraterInnen, andere Menschen zu motivieren, sind deshalb sehr beschränkt.

Coaching-Übung

Notieren Sie fünf berufliche oder private Ziele, die Ihnen spontan einfallen. Überlegen Sie dann:

- Welche Ziele haben einen hohen Wert?
- Welche Ziele haben eine hohe Erwartung?
- Welche Ziele haben eine niedrige Erwartung?
- Gibt es Ziele, die einen geringen Wert haben, aber eine hohe Erwartung?

Die Vier Phasen der Motivation im Rubikon-Modell

Im Rubikon-Modell der Handlungsphasen (siehe Abb. 1.1) beschreiben die Psychologen Heinz Heckhausen und Peter M. Gollwitzer (1987) vier Schritte, die das Erreichen eines Ziel kennzeichnen.

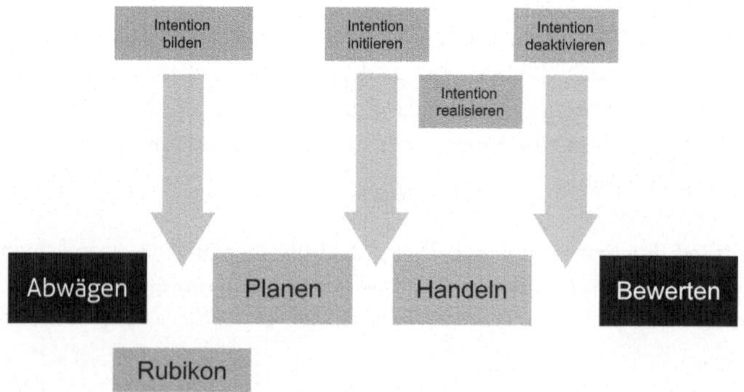

Abb. 1.1 Das Rubikon-Modell geht von vier Phasen aus, mit denen sich Motivation und Volition beschreiben lassen

- In der **Abwägephase** wird gezielt nach Informationen zu Erwartung und Wert eines Ziels gesucht. Es geht darum, möglichst viele Informationen zu sammeln, und auch Neues und Unbekanntes mit in die Suche einzubeziehen. Hier kommt die Idee des Rubikons ins Spiel, der zwischen der Phase des Abwägens und der Planungsphase überschritten wird. Wer über den Rubikon ist, hat sich entschieden, ein Ziel umzusetzen. Jetzt werden andere mentale Prozesse wirksam.
- In der **Planungsphase** geht es darum zu planen, wie ein Ziel erreicht werden kann. Hier verschiebt sich der Fokus der Aufmerksamkeit auf Informationen, die für die Umsetzung des Ziels notwendig sind. In der Planungsphase sind Menschen mental eingeengt und „immun" gegen neue Informationen. Damit wird verhindert, ein einmal gefasstes Ziel wieder in Frage zu stellen. Es handelt sich nicht mehr um Motivation (Möchte ich das Ziel erreichen?), sondern um Volition (Wie erreiche ich das Ziel?). Informationen, die eine Person vom Ziel abbringen könnten werden ausgeblendet.
- In der **Handlungsphase** wird das Ziel umgesetzt. Jetzt geht es nicht mehr um Planen, sondern um Handeln. Dazu muss einerseits das Ziel im Auge behalten werden, andererseits muss auf Schwierigkeiten und Unvorhergesehenes flexibel reagiert werden. Außerdem müssen Strategien entwickelt werden, mit Misserfolg umzugehen, die Anstrengung zu erhöhen oder das Ziel zu verändern.
- In der **Bewertungsphase** wird bewertet, ob ein Ziel erreicht wurde oder nicht nicht. Außerdem wird auf die Ursache von Erfolg oder Misserfolg attribuiert, also Erklärungen für Erfolg oder Misserfolg gesucht. Das Ergebnis der Bewertung hat auch Einfluss darauf, wie in Zukunft Ziele geplant und umgesetzt werden.

Wie können Sie das Rubikon-Modell im Coaching nutzen?

Damit ein Ziel tatsächlich umgesetzt wird, muss die Absicht hinter dem Ziel konsequent verfolgt und die Motivation (langfristig) aufrecht erhalten werden. Dafür wird in der Psychologie der Begriff Volition verwendet. Während die Motivation für das Setzen und Bewerten eines Zieles zuständig ist, ist die Volition für die Aufrechterhaltung und die Realisierung des Ziels zuständig. Das Rubikon-Modell hilft dabei, Strategien auszuwählen, die in der entsprechenden Phase hilfreich sind und beim Erreichen des Ziels unterstützen. Das Rubikon-Modell ist eine idealtypische Vorstellung menschlichen Verhaltens. Es wird selten gelingen, genau diese Abfolge in der Realität zu finden. In vielen Fällen ist es sinnvoll und wichtig, zwischen den Phasen hin und her zu wechseln, z. B. wenn bei der Planung bemerkt wird, dass ein Ziel unrealistisch ist, oder ein Ziel komplexer ist und deshalb gleichzeitig

Planen und Handeln notwendig ist. Das Modell kann aber dabei helfen, entsprechende Strategien auszuwählen, die beim Erreichen eines Ziels unterstützen.

In den beiden **motivationalen Phasen** Abwägen und Bewerten geht es darum, möglichst viele Informationen zu berücksichtigen. Dafür eignet sich z. B. das Coaching-Tools *Smarte Ziele* (siehe Kap. 3). In den **volitionalen Phasen** Planen und Handeln, können die folgenden Strategien helfen, die Volition aufrechtzuerhalten:

- Aufmerksamkeit kontrollieren: Unterstützen Sie den Coachee dabei, Informationen zu identifizieren, die ihn daran hindern, das Ziel zu erreichen.
- Motivation kontrollieren: Unterstützten Sie den Coachee dabei, die Motivation zu steigern, in dem er daran denkt, wie wertvoll das Ziel ist, und dass er sich fest vorgenommen haben, es zu erreichen.
- Emotionen kontrollieren: Lenken Sie die Aufmerksamkeit des Coachee auf Aspekte, die zufrieden und zuversichtlich stimmen.
- Umwelt kontrollieren: Unterstützen Sie den Coachee dabei, Umgebungen zu identifizieren, in denen es schwerfällt, das Ziel zu erreichen und überlegen Sie gemeinsam Alternativen.

Auch das Coaching-Tool Wenn-Dann-Pläne (siehe Kap. 5) ist eine Strategie, die in der Planungsphase hilfreich ist, genauso wie die Arbeit an hinderlichen Beliefs (vgl. Essential Leistungsblockaden verstehen und verändern) oder mit den Werten des Coachee (vgl. Essential Generation Y – Herausforderung für Führungskräfte?).

Coaching-Übung

Denken Sie über das Ziel nach, das Sie oben notiert habe.

- Was könnte Sie daran hindern, Ihr Ziel zu erreichen?
- Welche Informationen könnten Sie vom Ziel abbringen?
- Was können Sie tun, damit Ihre Motivation erhalten bleibt?
- Was hebt Ihre Stimmung in Bezug auf dieses Ziel?
- Welche Situationen, Orte oder Kontexte möchten Sie meiden, um Ihr Ziel nicht zu gefährden?

Handlungs- vs. Lageorientierung

Die unterschiedlichen Phasen, die im Rubikon-Modell beschrieben sind erfordern unterschiedliche Strategien. Aber auch die Persönlichkeit eines Menschen beeinflusst, welche Strategien genutzt werden (Kuhl 1992).

- Handlungsorientierte Menschen fokussieren auf den nächsten Schritt. Bei Misserfolg lassen sie sich nicht so schnell unterkriegen. Sie können schnell eigene Fehler identifizieren und wagen den nächsten Versuch.
- Lageorientierte Menschen fokussieren auf die Lage, in der sie sich gerade befinden. Die Gefühle und Gedanken die damit verbunden sind, können sie nur sehr schwer überwinden. Bei Misserfolg machen sie sich und anderen Menschen Vorwürfe, und brauchen lange, um den nächsten Versuch zu wagen.

Handlungsorientierte Menschen erreichen ihre Ziele nicht generell schneller und leichter. Eine extreme Handlungsorientierung kann auch dazu führen, dass zu wenig Zeit darauf verwendet wird, Misserfolg genau zu analysieren oder alternative Ziele in Betracht zu ziehen. Ideal wäre, wenn ein handlungsorientierter und ein lageorientierter Mensch zusammenarbeiten würden, um das Beste der Lage- und Handlungsorientierung nutzen.

Sie können den Coachee beim Erreichen eines Ziels unterstützten, wenn sie seine Orientierung in Bezug auf ein Ziel überprüfen. Wenn sich der Coachee in einer bestimmten Situation als lageorientiert wahrnimmt, kann es helfen, dies klar zu machen, um dann einen Schritt Richtung Handlungsorientierung zu machen. Hier geht es um die Regulation der eigenen Emotionen, z. B. den Umgang mit Angst, Wut oder Scham. Insbesondere bei Misserfolg verhindert die Lageorientierung, dass der Coachee seine Strategie anpasst und einen neuen Versuch startet. Dann gerät der Coachee in Stress und verliert den Überblick über die eigene Situation. Wenn sich der Coachee in einer bestimmten Situation als handlungsorientiert wahrnimmt, kann es hilfreich sein, die Situation zunächst in Ruhe zu analysieren und dann erst konkret zu handeln.

Unterschiedliche Zielarten erfordern unterschiedliche Coaching-Tools 2

Aus theoretischer Perspektive lassen sich unterschiedliche Arten von Zielen unterscheiden. Die Art des Ziels und die dahinterliegende Motivation beeinflusst die Wahrnehmung, das Erleben und das Verhalten des Coachee. In Abhängigkeit von der Art des Ziels ergeben sich deshalb unterschiedliche Methoden und Herangehensweisen für den Coach. Das *Coaching-Tool Smarte Ziele* (siehe Kap. 3) ist z. B. besonders geeignet für nahe und ergebnisbezogene Ziele, das *Coaching mit Motto-Ziele*n (siehe Kap. 4) setzt die Formulierung eines Haltungsziels voraus.

Leistungsziele vs. Lernziele

Leistungsziele fokussieren auf die möglichst erfolgreiche Ausführung einer bestimmen Aufgabe und beziehen sich darauf, „besser zu sein als andere". Angestrebt wird, im Vergleich zur Leistung anderer, eine positive Rückmeldung über die eigene Leistung, verbunden mit dem Ziel, die Leistung anderer zu übertreffen. Leistungsziele richten die Aufmerksamkeit des Coachee auf die eigenen Fähigkeiten und Kompetenzen. Sie können eine hohe Motivation erzeugen, insbesondere wenn der Coachee sich als leistungsfähig erlebt. Es besteht die Gefahr, dass sich Leistungsziele negativ auf die Leistungsfähigkeit eines Coachees auswirken, wenn

- ein Ziel zu komplex ist oder als sehr herausfordernd wahrgenommen wird,
- sich ein Coachee im Bezug auf das Leistungsziel als wenig kompetent wahrnimmt,
- ihm die notwendigen Fähigkeiten für das Erreichen des Ziels fehlen,
- keinen Zugriff auf die für das Erreichen des Ziels notwendigen Ressourcen hat.

J. Moskaliuk, *Motivationspsychologie für die Berufspraxis,* essentials,
DOI 10.1007/978-3-658-09601-4_2

Außerdem können sich Leistungsziele in sehr kompetitiven Situationen negativ auf die Kooperation mit Anderen (z. B. in einem Arbeitsteam) auswirken und zu Betrugsversuchen und unehrlichem Verhalten führen.

Lernziele richten die Aufmerksam des Coachee auf die persönliche Entwicklung und den Lernzuwachs, der mit Lösung einer Arbeitsaufgabe oder dem Erreichen eines Ziels verbunden ist. Lernziele (Manchmal werden sie auch Entwicklungsziele oder Mastery Goals genannt.) können deshalb in manchen Fällen zur Steigerung der Leistungsfähigkeit beitragen und das Erreichen eines Ziel begünstigen Lernziele führen dazu, dass eine komplexe und schwierige Aufgabe im positiven Sinne als Herausforderung verstanden wird. Lernziele führen zu einer Steigerung des Wohlbefindens. Außerdem steigt die intrinsische Motivation, was sich wiederum positive auf die Leistungsfähigkeit auswirkt.

Zeitlicher Rahmen

Im Bezug auf den zeitlichen Rahmen lassen sich nahe (proximale) Ziele und ferne (distale) Ziele unterscheiden. Ferne Ziele beschreiben oft Visionen oder Träume, die sich noch nicht klar und präzise fassen lassen („Ich möchte gerne Millionär sein.") Sie hängen eng mit den Werten einer Person zusammen, und beziehen sich oft auf ein Lebensmotto („Ich lebe gesund und frei"). Nahe Ziele dagegen erscheinen dem Coachee in der Regel erreichbarer als ferne Ziele und sie sind mental genauer und präziser repräsentiert („Ich möchte beim nächsten Mitarbeitergespräch eine Gehaltserhöhung von 150 Euro pro Monat ansprechen."). Nahe Ziele regen den Coachee an, genau zu planen und konkrete Handlungsschritte abzuleiten. Einige Coaching-Tools (z. B. Smarte Ziele, Kap. 3) verleiten dazu, zunächst nur kurzfristige und zeitlich nahe Ziele zu bearbeiten und daraus konkrete Schritte abzuleiten. Die Kombination mit fernen Zielen kann hier die Motivation erhöhen und beim Erreichen von Zielen unterstützen.

Ergebnisbezogene Ziele und Haltungsziele

Der Fokus auf ein Ergebnis, das sich klar und präzise benennen lässt („Ich möchte mein Einkommen im nächsten Jahr verdoppeln."), unterstützt einen Coachee beim Erreichen des Ziels. Psychologische Experimente im beruflichen Kontext (Locke 1996) zeigen, dass solche herausfordernd sowie ergebnisbezogen formulierte Ziele zu einer Steigerung der Leistung führen. Damit wird die Wahrscheinlichkeit erhöht, das Ziel zu erreichen. Voraussetzung dafür ist, dass ein Coachee die entsprechenden

Kompetenzen, das Wissen und die Ressourcen (Zeit, Arbeitsmaterial, Werkzeuge ...) zur Verfügung hat, die für das Erreichen des Ziels notwendig sind. Allerdings kann ein zu spezifisches Ziel auch dazu führen, dass sich ein Coachee nicht mehr für das eigene Ziel verantwortlich fühlt oder die Festlegung zu anspruchsvoll und sogar bedrohlich wirkt. Das kann auf Kosten der Leistungsfähigkeit gehen. Der Fokus auf die Vision hinter den einzelnen Zielen kann hilfreich sein. Auch das Herausarbeiten von handlungswirksamen Haltungszielen (vgl. Motto-Zielen) ist eine hilfreiche Strategie. Haltungsziele beschreiben die Einstellung („Wertschätzung und Fairness garantieren meine Leistungsfähigkeit.") die mit einem bestimmten Ziel verknüpft ist und das Verhalten wirksam beeinflussen.

Annäherungsziele und Vermeidungsziele

Vermeidungsziele („Weg-von"-Ziele, engl. avoidance) beziehen sich auf das Vermeiden eines unerwünschten Zustands („Ich möchte weniger gestresst sein."). Ein Vermeidungsziel ist in der Regel nicht mit einer spezifischen und detaillierten Vorstellung vom erwünschten Zielzustand verbunden. Außerdem gibt es meisten viele unterschiedliche Möglichkeiten, wie der unerwünschte Zustand verändert werden könnte. Deshalb lassen sich aus Vermeidungszielen oft nicht direkte konkrete Verhaltensweisen oder Handlungsschritte ableiten. Annäherungsziele („Hin-zu"-Ziele, engl. approach) beschreiben die Bewerbung hin zu einem gewünschten Zustand oder Ergebnis („Ich möchte mehr Freizeit haben."). Aus Annäherungszielen ergeben sich meistens direkt konkrete Verhaltensweisen, die das Erreichen des Ziels unterstützen. Menschen, die sich Vermeidungsziele setzen, erleben eher negativen Emotionen und fühlen sich weniger wohl. Insbesondere das langfristige Verfolgen eines Vermeidungsziels führt zu einem niedrigeren Wohlbefinden. Das Setzen von Annährungszielen erhöht dagegen das Wohlfinden, außerdem steigt die Leistungsfähigkeit. Die Arbeit mit Annäherungszielen ist deshalb in der Regel die effektivere Coaching-Methode.

Diese Unterscheidung unterschiedlicher Arten von Zielen unterstützt den Coach dabei wirksame Coaching-Methoden auszuwählen, bzw. Coaching-Interventionen „in die falsche Richtung" zu vermeiden. Bei nahen und ergebnisbezogenen Zielen sollten die eingesetzten Methoden auf konkrete Verhaltensweisen und Strategien fokussieren. Die Spezifizierung des Ziels bzw. der konkreten Vorgehensweise kann bei komplexen Zielen aber unter Umständen sogar die Wirksamkeit des Coaching beeinträchtigen. Komplexe Ziele beziehen sich nicht auf ein konkretes Verhalten. Hier geht es um eine Haltung oder eine Einstellung. Sie können Motto-Ziele (siehe Kap. 5) genannt werden. Sie haben keine eindeutige Lösung, es gibt daher nicht ein bestimmtes Verhalten, dass zu einem Ziel wird. Vielmehr gibt es viele unterschiedliche Strategien und Verhaltensweisen, mit denen der Coachee das Ziel erreichen kann.

Coaching-Übung

Werfen Sie einen Blick auf die Ziele, die Sie sich notiert haben.

- Haben Sie eher Lern- oder eher Leistungsziele formuliert?
- Welche Ziele sind psychologisch nah, welche psychologisch fern?
- Gibt es Vermeidungsziele? Wie könnten diese Ziele als Annäherungsziele formuliert werden.
- Entdecken Sie ein übergeordnetes Motto-Ziel in Ihren Zielen?

3 Smarte Ziele: Wann spezifische und herausfordernde Ziele hilfreich sind

Die Abkürzung SMART beschreibt Aspekte, die bei der Formulierung eines ergebnisbezogenen Ziels wichtig sind: **S**pezifisch, **M**essbar, **A**ttraktiv, **R**ealistisch, **T**erminiert. Basis ist die Zielsetzungstheorie von Locke und Latham (1990). Die beiden Arbeitspsychologen haben die Frage untersucht, welche Bedingungen Menschen dabei unterstützen, Ziele zu erreichen. Sie schlagen vor, dass Ziele spezifisch formuliert sein müssen und hohe Anforderungen stellen sollen. Dadurch sollen die Erfolgsaussichten, das Ziel zu erreichen, gesteigert werden. Es geht also darum, die eigenen Ziele so zu formulieren, dass sich daraus klare und eindeutige Verhaltensweisen und Strategien ableiten lassen.

Dafür hat sich die Abkürzung SMART etabliert. Jeder Buchstabe steht für einen Aspekt eines gut formulierten Zieles: **S**pezifisch, **M**essbar, **A**ttraktiv, **R**ealistisch, **T**erminiert.

- Spezifisch: Ist das Ziel detailliert und genau formuliert?
- Messbar: Wie lässt sich feststellen, ob das Ziel erreicht wurde?
- Attraktiv: Ist das Ziel positiv formuliert, als ob es schon erreicht wäre?
- Realistisch: Was ist notwendig, um das Ziel zu erreichen?
- Terminiert: Bis wann soll das Ziel erreicht worden sein?

Eines der ersten Experimente, das die Zielsetzungstheorie untersucht, bestätigt: Ein herausforderndes, konkret formuliertes Ziel führt zu besseren Leistungen, als ein einfaches, leicht zu erreichendes Ziel. Die Motivation mit unspezifischen

J. Moskaliuk, *Motivationspsychologie für die Berufspraxis*, essentials,
DOI 10.1007/978-3-658-09601-4_3

Sätzen wie „Gib dein Bestes!" und „Du schaffst das schon!" sind also nicht geeignet, um andere und sich selbst zu hohen Leistungen anzuregen. Allerdings gilt die Wirksamkeit von herausfordernden und konkret formulierten Zielen nur für einfach strukturierte Aufgaben, die ein klares Ergebnis haben. Oft haben Sie es im Coaching aber mit komplexeren und dynamischeren Situationen zu tun, in denen sich nicht ohne weiteres eine eindeutige und klare Strategie benennen lässt. Wenn es kein bestimmtes Verhalten gibt, das zum Ziel führt, handelt es sich um ein komplexeres Ziel.

Das Ziel „Ich jogge dreimal in der Woche 10 km, um mich fit zu halten!" ist ein spezifisches Ziel, aus dem sich ein eindeutiges Verhalten ergibt. Hier steigt die Chance, das Ziel zu erreichen, je klarer und spezifischer Sie das Ziel formulieren. Das Ziel „Ich möchte eine gute Chefin sein, die ihre Mitarbeitenden fördert!" führt zu vielen unterschiedlichen Handlungsstrategien. Dem einen Mitarbeiter muss eine gute Chefin Grenzen aufzeigen und Regeln festlegen, der andere Mitarbeiter braucht mehr Freiräume und herausfordernde Aufgaben. Bei komplexen Zielen können spezifische Formulierungen sogar hinderlich wirken, weil ein ständiges und flexibles Reagieren auf neue Anforderungen und Situationen so verhindert wird. Hier sollten Sie als Coach andere Methoden einsetzen, z. B. die Arbeit mit Motto-Ziele (vgl. Kap. 4).

Coaching-Tool: Smarte Ziele

Auf Basis der Abkürzung SMART erarbeitet der Coach in diesem Coaching-Tool eine spezifische und konkrete Formulierung eines Ziels. Das Tool eignet sich für konkrete und ergebnisbezogene Ziele. Grundlage des Tools ist die Zielsetzungstheorie. Dabei werden nacheinander die fünf Aspekte eines smarten Ziels bearbeitet und die Formulierung des Ziels so lange verändert, bis alle Kriterien erfüllt sind. Dabei ist es hilfreich, das erarbeitete Ziel am Ende des Coachings zu schriftlich festzuhalten (z. B. auf einer Moderationskarte) und dem Coachee mit zu geben. Dieses Coaching-Tool kann der Coachee auch selbst auf weitere Ziele anwenden. Machen Sie deshalb zum Abschluss Ihre Vorgehen transparent und erklären Sie dem Coachee die smarte Formulierung von Zielen, falls Sie das nicht bereits zu Beginn getan haben.

► Unter ichraum.de/smart finden Sie ein Arbeitsblatt mit Fragen, die Sie nutzen können, um mit Ihrem Coachee an der smarten Formulierung eines Ziels zu arbeiten.

Erfolg mal drei: Wovon es abhängt, ob ein Ziel erreicht wird

Mit drei einfachen Strategien können Sie den Coachee bei der Arbeit an einem Ziel unterstützen. Diese Strategien sind z. B. hilfreich, wenn am Ende einer Coaching-Sitzung nicht mehr genügend Zeit für eine längere Invention ist.

Schritt 1: Haben Sie eine klare Vorstellung vom Ziel? Eine Voraussetzung, um ein Ziel zu erreichen, ist ein klares Bild vom Ziel. Nur wenn der Coachee sich vorstellen kann, wie es ist, das Ziel bereits erreicht zu haben, wird er die Motivation entwickeln, das Ziel auch tatsächlich zu erreichen. Diese Vorstellung vom Ziel sollte sich auf den gewünschten Zielzustand beziehen (z. B. Ich sitze mit einem Cocktail in der Hand auf der Terrasse und freue mich, dass ich meine Steuererklärung fertig habe.) und nicht auf den möglicherweise unangenehmen Weg dorthin (z. B. Ich sitze genervt am Schreibtisch und kämpfe mich durch Formulare.). Hat der Coachee ein negatives Bild vom Ziel im Kopf, muss er ständig gegen diese Vorstellung ankämpfen. Es werden negative Emotionen ausgelöst, die für die Selbstregulation hinderlich sein könnten. Das hindert ihn daran, das Ziel tatsächlich auch zu erreichen. Folgende Coaching-Fragen können Sie einsetzen:

- Denken Sie an das Ziel, das Sie erreichen möchten. Haben Sie eine klare Vorstellung von diesem Ziel?
- Wie wäre es, wenn Sie das Ziel schon erreicht hätten. Malen Sie sich das Ziel aus, beschreiben Sie es mit großen Worten, nehmen Sie wahr, wie es sich anfühlt, das Ziel erreicht zu haben.

Schritt 2: Formulieren Sie das Ziel positiv Wenn ein Ziel positiv formuliert ist, motiviert das den Coachee aktiv zu handeln. Es handelt sich dann um ein Annäherungsziel. Die genaue Vorstellung vom erwünschten Zielzustand wird deshalb ergänzt mit einer Formulierung, in der konkretes Verhalten beschrieben wird. Unterstützen Sie den Coachee dabei, den erwünschten Zielzustand („Ich reagiere souverän auf Kritik!") als Ziel zu formulieren, nicht den unerwünschten Zustand („Ich möchte nicht auf Kritik nicht mehr mit Stress und Wut reagieren."), der verhindert werden soll. Das Ziel sollte so formuliert sein, als ob der Coachee das Ziel schon erreicht hätte.

Die Frage, ob das Ziel wirklich attraktiv ist, ist besonders wichtig bei Zielen, in denen es darum geht, eine Angewohnheit zu ändern, oder etwas zu verhindern oder zu vermeiden. Das Ziel „Ich möchte mit dem Rauchen aufhören!" ist für jemanden, der tatsächlich Nichtraucher werden möchte, auf den ersten Blick sicherlich attraktiv. Wahrscheinlich wird aber die Tatsache, sich mühsam von einer Angewohnheit trennen zu müssen, nicht unbedingt positive Gefühle auslösen. Damit das Ziel attraktiv wird, sollte also nicht die damit verbundene Anstrengung Teil des formulierten Ziels sein, sondern das positive Gefühl, es geschafft zu haben.

Der Coachee macht es sich unnötig schwer, wenn er den Ist-Zustand benennt, den er ändern möchten („Ich möchte es schaffen, nicht mehr so viele ungesunde Zigaretten zu rauchen!"). Erarbeiten Sie mit Ihrem Coachee stattdessen den positiven Ziel-Zustand, den der Coachee erreichen möchten, so als ob er ihn schon erreicht hätten („Ich bin gesund und atme frei.") Positive Emotionen unterstützen den Coachee dabei, das Ziel in konkrete Handlungen umzusetzen. Dazu braucht der Coachee ein Bild im Kopf, das den Ziel-Zustand beschreibt, und nicht den Ist-Zustand, den er verändern möchte.

Schritt 3: Was ist der erste Schritt? Es kommt nicht nur auf das Ziel an, sondern auch auf den Weg, den der Coachee gehen muss, um dieses Ziel zu erreichen. Es hilft, sich den ersten Schritt zu überlegen, den der Coachee als Nächstes gehen könnte, um das Ziel zu erreichen. Wenn der Coachee den ersten Schritt nicht kennt, kann er nicht loslaufen, um das Ziel zu erreichen. Das gleiche gilt, wenn der Coachee sich zu hohe oder unrealistische Ziele steckt. Dann nimmt er das Ziel vielleicht gar nicht erst in Angriff, vor lauter Angst, es nicht zu schaffen. Oder der Coachee versucht es und scheitert ständig, die Motivation sinkt. Hier kann es helfen, das Ziel in mehrere Unterziele aufzuteilen, aus denen sich konkrete Schritte ergeben.

- Was ist sind die nächsten Schritte auf dem Weg zum Ziel?
- Was müssen Sie als Erstes erreichen?
- Was kommt danach?
- Was brauchen Sie, um die ersten Schritte zu tun?

► Unter ichraum.de/ziele finden Sie eine Reihe von Arbeitsblättern, die Sie für das Coaching nutzen können, um mit einem Coachee Ziele zu erarbeiten. Diese Arbeitsblätter kann der Coachee auch allein zu Hause bearbeiten. Die Arbeitsblätter dürfen Sie vervielfältigen und weitergeben.

Coaching-Übung

Suchen Sie sich von der Liste Ihrer Ziele ein spezifisches Ziel aus. Überprüfen Sie, ob es nach den Regeln der smarten Ziele formuliert ist und passen Sie ggf. die Formulierung an. Was ändert sich in Bezug auf dieses Ziel?

Emotionen nutzen: Wie mentale Bilder beim Erreichen eines Ziels unterstützten

Das Coaching-Tool *Smarte Ziele* arbeitet auf einer kognitiven Ebene und repräsentiert das Ziel sprachlich (propositional). Ein Problem wird genau analysiert, das Ziel geplant und konkrete Handlungsschritte abgeleitet. Aber auch die Intuition kann für ein Ziel bedeutsam sein. Die Intuition erlaubt Zugriff auf Erfahrungen, Bedürfnisse, Normen und Werte. Diese Idee geht auf die PSI-Theorie von Julius Kuhl (2001) zurück, die das Extensions- und das Intensionsgedächtnis unterscheidet. Das Intensionsgedächtnis geht Herausforderungen analytisch an. Probleme werden rechtzeitig erkannt und durchdacht, auch wenn noch kein akuter Handlungsdruck besteht. Emotionen werden zunächst unterdrückt, damit eine Entscheidung erst durchdacht werden kann, aktiv gehandelt werden muss. Ziele werden bewusst gebildet, das erwünschte Ergebnis ins Auge gefasst. Auch wenn Schwierigkeiten auftreten, wird eine einmal gefasste Intention aufrecht erhalten. Entscheidungen im Intensionsgedächtnis sind langsam und ohne dass Emotionen hier berücksichtigt werden. Im Extensionsgedächtnis sind Erfahrungen, Bedürfnisse, Normen und Werte gespeichert. Es hat eine enge Anbindung an das autonome Nervensystem. Das führt dazu, dass z. B. ein Geruch oder ein Bild sehr schnell Erinnerungen und Emotionen hervorrufen kann. Das Extentionsgedächtnis arbeitet schneller als das Intentionsgedächtnis. Auch in komplexen Situationen kann das Intensionsgedächtnis intuitiv entscheiden, weil es auf den unbewussten Erfahrungsschatz nutzen kann, der zur Verfügung steht. Wahrnehmbar ist das Extensionsgedächtnis über somatische Marker (Körpergefühle), also z. B. das unangenehmen Gefühl im Magen, das Gefühl keine Luft zu bekommen oder ein freudig-erregtes Herzklopfen.

Es handelt sich bei den beiden Gedächtnissystemen nicht um zwei getrennte anatomische Einheiten im Gehirn. Unterschiedliche Aktivierungsmuster im Gehirn sind ein Hinweis darauf, dass es sich um zwei unterschiedliche Strategien handelt, Informationen zu verarbeiten (vgl. Bucci 1997): Im Intentionsgedächtnis werden sprachliche (propositionale) Informationen verarbeitet, im Extentionsgedächtnis körperliche (somatische) Informationen. Sprachliche Informationen, gesprochene oder geschriebene Wörter, erlauben eine bewusste Verarbeitung komplexer Informationen. Im Bezug auf Ziele kann so das Für und Wider sorgfältig abgewogen und eine konkrete Strategie eingeleitet werden. Körperliche Informationen werden unbewusst bearbeitet. Ob ein Ziel erstrebenswert ist oder nicht und ob es zum Coachee und dessen Persönlichkeit passt wird im Extensionsgedächtnis mit sogenannten somatischen Markern wahrgenommen. Diese Körpergefühle erlauben keine differenzierte Bewertung, sondern entscheiden nur zwischen gut oder schlecht, richtig oder falsch, angenehm oder unangenehm.

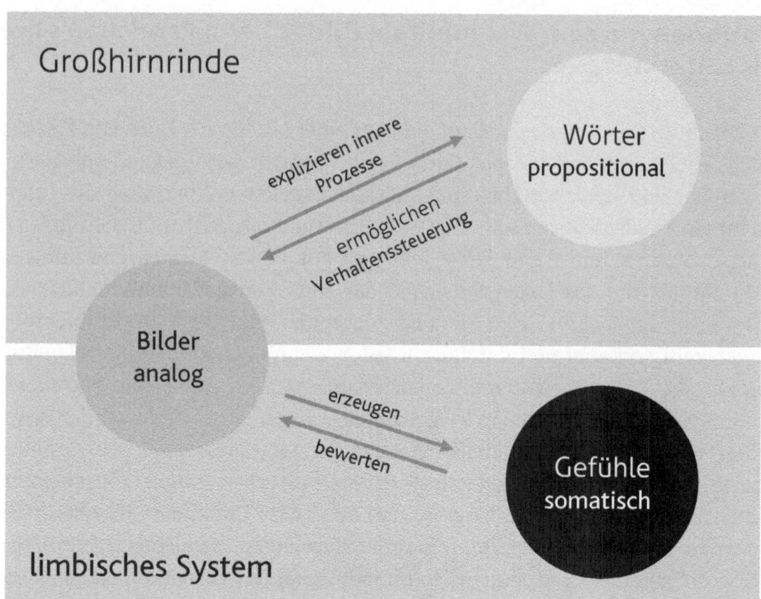

Abb. 3.1 Die drei Arten, Informationen zu verarbeiten, können als Grundlage für einen ganzheitlichen Coaching-Ansatz dienen, der auch die Intuition des Coachee als wertvolle Ressource nutzt

Zwischen sprachlichen und körperlichen Informationen lässt sich eine dritte Informationsart beschreiben, die bildliche Information (siehe Abb. 3.1). Ein Beispiel ist die Erinnerung an den letzten Urlaub: Die bildliche Information bezieht sich auf den Blick über die Dünen aufs Meer, das Rauschen der Wellen, das Gefühl von Sonne auf der Haut und den Geschmack von frischem Fisch. Der Begriff bildliche Information bezieht sich nicht nur auf visuelle Informationen. Auch die anderen Sinnessysteme (auditiv, kinästhetisch, olfaktorisch und gustatorisch) sind Teil des wahrgenommenen Bildes. Diese Visionen und Vorstellungen vermitteln zwischen Extensions- und Intensionsgedächtnis, wie eine Sprache, die von beiden Gedächtnissystemen verstanden wird. Das Intensions- und das Extentionsgedächtnis können nicht direkt mit einander „kommunizieren", ein direkter Zugriff auf die Intuition ist nur mit Hilfe bildlicher Informationen notwendig.

Wird im Coaching ein inneres Bild zum Ziel entwickelt, erlauben die mit dem Ziel verbundenen somatischen Marker einen intuitiven Zugriff auf bisherige Erfahrungen und Erlebnisse. Dazu bitten Sie den Coachee sich vorzustellen, das Ziel bereits erreicht zu haben. Der Coachee erzeugt ein möglichst reichhaltiges inneres

Bild einer Situation, in der das Ziel bereits erreicht ist, achtet auf die eigene Wahrnehmung (sehen, hören, spüren, riechen, schmecken) und die dadurch aktivierten somatischen Marker.

► Unter ichraum.de/entscheidungen finden Sie ein Coaching-Tool, mit dem Sie Ihren Coachee dabei unterstützen können, die eigene Intuition für Entscheidungen zu nutzen.

Coaching-Übung

Suche Sie sich eines Ihrer Ziele aus. Stellen Sie sich eine Situation vor, in der Sie das Ziel bereits erreicht haben – Ihr Zielbild. Es geht darum, ein möglichst reichhaltiges inneres Bild von dieser Situation zu erzeugen (sehen, hören, fühlen, riechen, schmecken). Achten Sie dann auf die Körpergefühle, die Sie wahrnehmen können: Fühlt sich das Ziel gut an? Wenn nein, dann verändern Sie das Zielbild und überprüfen Sie erneut, welche Körpergefühle Sie wahrnehmen können.

4 Motto-Ziele: Wie Werte und Ziele zusammenhängen

Motto-Ziele sind Haltungsziele, bei denen es nicht um ein bestimmtes Ergebnis geht, sondern um ein bestimmtes Tun oder Erleben, oder eine bestimmte Haltung, die der Coachee einnimmt (z. B. „Ich genieße die Balance zwischen Arbeiten und Entspannen." Oder „Ich bin glücklich und mit mir im Reinen."). Motto-Ziele hängen eng mit Werten zusammen. Motto-Ziele übersetzen Werte in ein konkretes Verhalten. Meistens sind mehrere Werte eines Menschen in einem Motto-Ziel kombiniert.

Ziele auf unterschiedlichen Ebenen

Die Construal Level Theory (Trope und Liberman 2010) beschreibt, wie die Vorstellung eines Konzeptes und dessen Abstraktion mit der psychologischen Nähe zusammenhängt. Psychologische Nähe meint dabei sowohl die zeitliche und räumliche, als auch die soziale Dimension. Ein Urlaub in den Bergen, zu dem Sie morgen früh gemeinsam mit Freunden aufbrechen werden, ist Ihnen psychologisch nahe. Ein Flug zum Mars in 50 Jahren mit Ihnen jetzt noch unbekannten Mitfahrenden ist Ihnen psychologisch fern. Psychologische Nähe führt dabei zu einer konkreten Vorstellung („Ich muss eine Zahnbürste einpacken."), psychologische Ferne eher zu einer abstrakten Vorstellung („Freiheit und Unendlichkeit"). Das lässt sich auf Ziele übertragen: Ziele können sich auf unterschiedliche konzeptuelle Ebenen beziehen. Auf einer hohen konzeptuellen Ebene geht es um die übergeordnete Bedeutung, um abstrakte Konzepte und Ideen. Hier handelt es sich um Motto-Ziele, die eine globale Bedeutung haben. Auf einer niedrigen konzeptuellen Ebene geht es um konkrete, spezifische Ziele, aus denen sich ein konkretes Verhalten er-

J. Moskaliuk, *Motivationspsychologie für die Berufspraxis,* essentials,
DOI 10.1007/978-3-658-09601-4_4

gibt. Mit der konzeptuellen Ebene eines Ziels und der damit verbundenen mentalen Repräsentation des Ziels ändert sich die psychologische Distanz zu einem Ziel.

Für Ziele auf einer konzeptuell hohen Ebene nimmt einer Person Selbstkontrolle wahr. Während sich bei konkreten Zielen das Verhalten oft direkt aus der Situation ergibt, hat der Coachee bei abstrakten Zielen einen höheren Gestaltungsspielraum und nimmt sich selbst deshalb stärker als aktiv Handelnden wahr. Auch wenn Ziele auf dieser Ebene psychologisch fern sind, also räumlich und zeitlich noch nicht greifbar sind, hat der Coachee das Gefühl, selbst entscheiden zu können. Auch ein psychologisch fernes Ziel kann also sehr motivierend wirken. Wenn es im Coaching um komplexe Ziele geht, aus denen sich nicht direkt eine konkrete Verhaltensweise oder Strategie ergibt, ist es hilfreich zunächst mit einem Motto-Ziel zu arbeiten und der mit dem Ziel verbundenen Haltung. Im nächsten Schritt ergeben sich daraus spezifische (Teil-)Ziele, die mit Hilfe von Wenn-Dann-Plänen dann in konkretes Verhalten umgesetzt werden. Motto-Ziele und spezifische Ziele sind kein Gegensatz, sondern ergänzen sich gegenseitig. Ein Ziel kann gleichzeitig auf unterschiedlichen Ebenen (Haltung, Ergebnis, Verhalten) repräsentiert sein. Wirksamkeit eines Coachings steigt, wenn auf allen drei Ebenen der Zielpyramide (siehe Abb. 4.1) mit jeweils unterschiedlichen Methoden gearbeitet wird.

Motto-Ziele können Ressourcen aktivieren. Bereits die Arbeit an der stimmigen Formulierung eines Motto-Ziels ist ein Schritt zum Erreichen eines Ziels. Das Motto-Ziel das Sie gemeinsam mit dem Coachee erarbeitet haben, unterscheidet sich oft vom Ziel, mit dem der Coachee in das Coaching gekommen ist. Dann verändert sich möglicherweise der ursprüngliche Auftrag den der Coachee an den Coach hatte. Als Coach sollten Sie das transparent machen, sonst kann es sein, dass der Coachee nach dem Coaching zunächst nicht die konkreten Strategien und

Abb. 4.1 In der Ziel-Pyramide sind die drei Ebenen (Haltung, Ergebnis und Verhalten) eines Ziels dargestellt. Es erhöht die Wirksamkeit eines Coachings, wenn auf allen drei Ebenen gearbeitet wird

Ideen „in der Tasche“ hat, die direkte Auswirkung auf den Alltag haben und deshalb unzufrieden ist.

Coaching mit Motto-Zielen

Eine vielfach erprobte Methode zur Arbeit mit Motto-Zielen schlagen Frank Krause und Maja Storch (2006) im Züricher Ressourcen Modell vor. Hier handelt es sich um ein Gruppe-Training zum Selbstmanagement, das beim Erreichen von persönlichen Zielen unterstützt. Das Modell lässt sich auch im Einzel-Coaching einsetzen. Die Grundidee des Zürcher Ressourcen Modell ist, kognitive, emotionale und physiologische Aspekte in die Arbeit an eigenen Ziele einzubeziehen (vgl. die in Kap. 3 vorgestellten Informationsarten Bilder, Wörter und Körpergefühle).

Das Modell schlägt Kriterien für handlungswirksame Ziele vor. Ein nach diesen Kriterien formuliertes Ziel soll in einem kurzen Satz eine innere Haltung beschreiben (und keine konkrete Verhaltensweise). Dahinter steht die Idee, dass haltungsbezogenen Motto-Ziele eine hohe emotionale Beteiligung erzeugen und so „Energie freisetzen“, die notwendig ist, um das Ziel zu erreichen. Damit ein solches Haltungsziel erfolgreich wirken kann, müssen die somatischen Marker (vgl. Kap. 3) im Bezug auf das Ziel eindeutig positiv sein, der Coachee muss also ein „gutes Gefühl“ im Bezug auf das Ziel haben. Das konkrete Verhalten ergibt sich aus der Anwendung eines neu gelernten Haltungsziels in unterschiedlichen Situationen. Das Haltungsziel führt in der entsprechenden Situation dann zum passenden (d. h. im Bezug auf das Ziel wirksamen) Verhalten.

Mit den folgenden Fragen können Sie überprüfen, ob es sich um ein geeignetes Haltungsziel handelt:

- **Handelt es sich um ein Annäherungsziel?** Diese Idee bezieht sich auf den Aspekt „attraktiv“ aus der smarten Formulierung von Zielen (siehe Kap. 3). Das Ziel sollte positiv formuliert sein, damit das Haltungsziel verhaltenswirksam werden kann.
- **Ist das Ziel vollständig unter Kontrolle des Coachee?** Das Ziel sollte so formuliert sein, dass das Erreichen nicht von anderen oder den Umständen abhängig ist. Erfolg sollte sich mit den eigenen Fähigkeiten und Kompetenzen erklärten lassen – eine wichtige motivationale Komponente.
- **Gibt das Ziel dem Coachee ein gutes Gefühl?** Dazu wird das Ziel solange umformuliert, bis die somatischen Marker eindeutig positiv sind. Über die somatischen Marker hat der Coachee Zugang zu unbewusst gespeichertem Erfahrungswissen.

Eine weitere Methode des Zürcher Ressourcen Modells ist der Ideenkorb. Im Rahmen eines Brainstormings werden Ideen und Möglichkeiten gesammelt, die der Coachee im Bezug auf sein Ziel nutzen kann. Im Sinne eines lösungsorientierten Ansatzes werden so Ressourcen aktiviert, die der Coachee nutzen kann. Das Zürcher Ressourcen Modell ist als Gruppentraining konzipiert. Ursprünglich wird der Ideenkorb deshalb genutzt, um Ideen aus der Gruppe zu sammeln. Der Coachee, um dessen Ziel es geht, hört sich dabei die Ideen der anderen an und nimmt wahr, welche Ideen sich „gut anfühlen" (d. h. positive somatische Marker erzeugen). Im Einzel- Coaching ist es deshalb sinnvoll und wichtig, das Sammeln von Ideen vom anschließenden Bewerten der Ideen zu trennen. Das Zürcher Ressourcen Modell basiert auf dem Rubikon-Modell (siehe Kap. 1). Vor der Abwäge-Phase steht ein meistens unbewusstes Bedürfnis oder ein verletzter Wert (vgl. Essential Generation Y – Herausforderung für Führungskräfte?).

Dieses Bedürfnis, das eher vage und unklar ist, muss erst geklärt werden, um daraus ein Ziel zu formulieren und dann den Rubikon zu überschreiten, also ein Intention als handlungs-wirksames Motto-Ziel zu formulieren.

► Unter ichraum.de/mottoziele finden Sie Coaching-Tools, die Sie einsetzen können, um mit Ihrem Coachee an Motto-Zielen zu arbeiten.

Coaching-Übung

- Welches Motto-Ziel könnte gerade eine Überschrift für Ihr Leben sein?
- Welches Motto-Ziel möchten Sie sich für die Zukunft vornehmen?

Implementation Intentions: Mit Wenn-Dann-Plänen effizient zum Erfolg

5

Wenn-Dann Pläne (Gollwitzer 1999) können Ihrem Coachee dabei helfen, die Selbststeuerung auch in kritischen Situationen zu behalten. Wenn-Dann Pläne machen sich die Grundstruktur menschlichen Verhaltens zu Nutze. Ein bestimmter Auslöser (ein innerer oder äußerer Reiz) führt zu einem bestimmten Verhalten. Diese Grundstruktur kann Ihr Coachee im Bezug auf ein Ziel nutzen. Dazu findet Coachee im ersten Schritt heraus, welche kritischen Situationen ihn davon abhalten könnten, ein Ziel zu erreichen, oder die eine bestimmte Handlung anregen, die seinem Ziel entgegen steht. Das ist der Wenn-Teil des Planes. Im nächsten Schritt wird überlegt, welche gewünschte Handlung im Bezug auf das Ziel in dieser Situation sinnvoll wäre. Das ist der Dann-Teil des Planes. In dem Wenn-Dann Plan wird also eine konkrete Situation und den in dieser Situation auftretenden auslösenden Reiz, mit einem bestimmten Verhalten verknüpft. Es kann dabei innere Reize geben („Wenn ich Ärger in mir hochsteigen spüre …") oder äußere Reize („Wenn mein Kollege mich kritisiert …"), die mit einem Dann-Teil verknüpft werden kann („… dann atme ich dreimal tief durch und reagiere souverän.").

Warum funktioniert diese Strategie?

Durch das genaue Planen der Wenn-Dann Struktur, werden spezifische Situationen aktiviert, die im „Wenn"-Teil des Planes stecken. Dadurch sind diese Situationen mental besser zugänglich, sie werden schneller und genauer wahrgenommen. Wahrnehmung und Aufmerksamkeit werden damit geschult. Selbst wenn andere Dinge ablenken, bemerkt Ihr Coachee mit höherer Wahrscheinlichkeit, dass genau

J. Moskaliuk, *Motivationspsychologie für die Berufspraxis*, essentials,
DOI 10.1007/978-3-658-09601-4_5

diese Situation relevant für das Ziel ist, und er deshalb genau jetzt reagieren muss, um das Ziel zu erreichen.

Gleichzeitig wird durch die Planung in der Wenn-Dann Struktur ein Verhalten, das zum Ziel führt, mental trainiert und dadurch automatisiert. Der Coachee muss nicht mehr ständig bewusst die Kontrolle über das eigene Handeln übernehmen. Die spezifische Situation, die im „Wenn"-Teil des Planes steckt, übernimmt gewissermaßen die Kontrolle und setzt die vorher geplanten Handlungsintentionen in Gang. Wenn-Dann Pläne unterstützen den Coachee dabei, die gesetzten Ziele und das dafür notwendige Verhalten mit spezifischen Situationen zu verknüpfen. In zahlreichen Studien konnte der Nutzen von Wenn-Dann-Plänen (Der Fachbegriff lautet Implementation Intentions.) für das Erreichen eines Ziels gezeigt werden (vgl. Gollwitzer und Brandstätter 1997). Auch im Bezug auf die Regulation von Emotionen („Wenn ich eine Spinne sehe, bleibe ich entspannt.") belegen erste Studien die Wirksamkeit von Wenn-Dann-Plänen. Dabei ist der Einsatz von Wenn-Dann-Plänen nur in der Planungsphase (vgl. Rubikon-Modell, Kap. 1) sinnvoll, wenn also bereits eine Entscheidung getroffen wurde und es in der volitionalen Phase jetzt um die konkrete Umsetzung geht. Erst wenn das Ziel klar ist, sollte die Umsetzung mit Hilfe spezifischer Wenn-Dann Pläne vorbereitet werden.

Wenn-Teil muss konkret sein Wenn-Dann Pläne funktionieren am besten, wenn der Wenn-Teil genau spezifiziert ist. Die Situation sollte in der Vorstellung des Coachee möglichst detailliert sein. Ideal ist es, wenn es sich dabei um eine „typische" Situation handelt, die im Bezug auf das Ziel wichtig ist. Wenn das Ziel z. B. lautet: „Ich möchte auf Angriffe meiner Kollegen entspannt und souverän reagieren!", dann könnte eine Wenn-Situation die Folgende sein: *„Einer meiner Kollegen kommt in mein Büro und knallt mir ein Dokument auf den Tisch. Dabei sagt er ironisch „Na, das haben Sie ja mal wieder ganz toll hinbekommen". Dabei spüre ich, wie Ärger in mir hochsteigt."* Diese Situation kann sich der Coachee sich klar und genau vorstellen. Wenn das Ziel ist, entspannt und souverän zu reagieren, stecken zwei Reize in der Situation. Der äußere Reiz „ironischer Kollege" und der innere Reiz „Ärger steigt hoch". Diese beiden Reize sind der Wenn-Teil des Planes.

Dann-Teil muss Verhalten des Coachee enthalten Im nächsten Schritt wird der Dann-Teil formuliert. Hier ist wichtig, dass es sich um ein Verhalten handelt, dass der Coachee auch tatsächlich selbst in der Hand hat und deshalb selbst aktiv handeln kann. In diesem Beispiel könnte der Dann-Teil des Planes sein: „*... dann stehe ich auf, hole einmal tief Luft und lächle in mich hinein*". Wie spezifisch der Coachee den Dann-Teil seines Planes formuliert, hängt vom konkreten Ziel ab. In diesem Fall ist der Dann-Teil des Planes zunächst auf den Aspekt „Ich reagiere entspannt.“ des Ziels bezogen. Es könnte auch einen handlungsbezogener Dann-Teil formuliert werden, z. B. „... *dann atme ich tief durch und sage: Ich habe gerade keine Zeit, komme aber nachher bei Ihnen vorbei.*“

Der Wenn-Dann-Plan muss geübt werden Wenn Sie im Coaching mit Wenn-Dann-Plänen arbeiten, erarbeiten Sie im ersten Schritt mit Ihrem Coachee einen genauen Plan und legen den Wenn- und Dann-Teil des Plans konkret und spezifisch fest. Für die Formulierung des Planes sollten Sie sich genügend Zeit nehmen, damit der Plan auch wirklich zum Coachee passt. Es ist hilfreich, wenn der Coachee den Plan notiert und einige Mal laut vorliest, um zu prüfen, ob der Plan passend ist. Damit der Plan dann wirksam ist, muss der Plan außerdem „geübt“ werden. Dafür stellt sich Coachee einige konkrete Situationen vor, die in der Zukunft auf ihn zukommen werden und probiert das im Wenn-Dann-Plan festgelegte Verhalten aus. Dabei geht es auch darum, weitere mögliche Schwierigkeiten zu identifizieren, die den Plan gefährden könnten.

▶ Unter ichraum.de/wenn-dann finden Sie ein Coaching-Tool, das Ihren Coachee dabei unterstützt, in Situationen, die für das Erreichen des Zieles kritisch sind, selbstgesteuert und zielunterstützend zu reagieren.

Coaching-Übung

Haben sie auf Ihrer Ziel-Liste ein Ziel, dass Sie schon lange haben, aber an dem sie bis jetzt immer gescheitert sind? Erinnern sie sich an Situationen, in denen sie etwas für ihr Ziel hätten tun können.

- Was hat Sie von Ihrem Ziel abgehalten?
- Warum haben Sie sich vom Ziel ablenken lassen?
- Können Sie typische Situationen benennen, in denen Ihr Ziel in Zukunft in Gefahr sein könnte?

Gefährdetes Ziel: Hürden und Stolpersteine aus dem Weg räumen

Drei Stolpersteine können die Umsetzung eines Wenn-Dann Planes gefährden. Wenn Sie als Coach diese kennen und bereits vorab erfragen, können Sie mit Ihrem Coachee mögliche Lösungsstrategien erarbeiten.

Schwierige Rahmenbedingungen gefährden den Plan Wenn der Wenn-Teil lautet: „*Wenn ich nachts wach werde und am Kühlschrank vorbeigehe* ... “, könnten solche Rahmenbedingungen z. B. der besonders stressige Tag, der dem Coachee bevor steht, sein, oder ein Streit mit dem Partner am Abend vorher. Durch diese Rahmenbedingungen wird die Verknüpfung zwischen dem Wenn- und dem Dann-Teil des Planes erschwert. Wenn Sie im Coaching vorher einige dieser Rahmenbedingungen bedenken, wird der Wenn-Dann Plan gefestigt.

Findet der Coachee den eigenen Wenn-Dann Plan gut? Wie bei dem eigentlichen Ziel spielt es auch beim daraus resultierenden Wenn-Dann Plan eine große Rolle, ob der Coachee hinter dem eigenen Plan steht. Nehmen Sie das „Bauchgefühl“ des Coachee ernst, und arbeiten Sie so lange an dem Plan, bis er überzeugt ist. Wenn es nicht oder nur mit Mühe gelingt, einen Wenn-Dann-Plan zu formulieren, den der Coachee gut findet, kann das es sein, dass der Coachee „den Rubikon noch nicht überschritten hat“, sich im Bezug auf das Ziel also noch nicht in der Planungsphase befindet. Außerdem kann das auf Werte hindeuten, die dem Ziel im Wege stehen und deshalb zunächst geklärt werden müssen.

Traut sich der Coachee zu, den Plan umzusetzen? Hier geht es um die Selbstwirksamkeitserwartung, die der Coachee im Bezug auf das Erreichen des Ziels hat, also die Frage, wie der Coachee die eigenen Fähigkeiten und Handlungsmöglichkeiten wahrnimmt. Wenn der Coachee überzeugt ist, dass er das Ziel erreichen wird, dann wird er mit Misserfolg und Schwierigkeiten souveräner umgehen. Hier kommen Beliefs ins Spiel, also Überzeugungen über sich selbst und die eigenen Kompetenzen.

Vor lauter Zielen den Wald nicht sehen

Sicher hat Ihr Coachee mehr als ein Ziel. Wenn er sich nicht entscheiden kann, welches Ziel das Nächste ist, dass er angehen möchte, lohnt es sich zu analysieren, wie die unterschiedlichen Ziele miteinander in Verbindung stehen und wie sich gegenseitig beeinflussen. Es gibt einige typische Konstellationen.

- **Ein verbündetes Ziel:** Dieses Ziel wirkt sich günstig auf alle übrigen Ziele aus. Es macht Sinn, den Stellenwert dieses Ziels zu erhöhen. Wenn der Coachee dieses Ziel erreicht habe, wird er auch die anderen Ziele leichter erreichen.

- **Ein störendes Ziel:** Dieses Ziel behindert oder gefährdet die anderen Ziele, und macht deren Umsetzung schwer. Ist es möglich, dieses Ziel zu verändern, anzupassen oder hintanzustellen?
- **Ein Ziel, das unter die Räder kommt:** Dieses Ziel muss sich ständig den anderen Zielen unterordnen. Dieses Ziel umzusetzen ist besonders schwierig, weil viele andere Ziele diesem Ziel entgegen stehen. Wenn es sich um ein wichtiges Ziel handelt, ist es sinnvoll, dieses Ziel zu verteidigen. Es kann aber auch sinnvoll sein, das Ziel zunächst hintanzustellen.
- **Ein Nebenbei-Ziel:** Dieses Ziel profitiert von anderen Zielen. Wenn andere Ziele erreicht werden, ist dieses Ziel viel leichter umzusetzen, oder dann vielleicht schon automatisch erreicht. Deshalb kann die Priorität für dieses Ziel verringert werden, wenn es dadurch nicht zum Ziel wird, das unter die Räder kommt.

Insbesondere wenn ein Coachee mehrere Ziele ins Coaching mitbringt, ist es hilfreich zu erarbeiten, wie die Ziele miteinander in Beziehung stehen. Rivalisierende oder konkurrierende Ziele wiedersprechen sich gegenseitig. Sofern es sich um einen direkten Gegensatz zwischen zwei Ziele handelt („mehr Freizeit haben“ und „Selbstständigkeit ausbauen“) ist der Gegensatz in der Regel direkt erkennbar. Manchmal zeigt sich ein Gegensatz auch erst auf den zweiten Blick („Ich möchte lernen, zu delegieren.“ und „Ich möchte mich wieder mehr ins Tagesgeschäft einbringen“ oder „Ich möchte eine gute Führungskraft sein.“ und „Ich möchte frei und eigenständig arbeiten.“). Im Coaching kann es dann darum gehen, Ziele so anzupassen und zu verändern, dass sie sich ergänzen oder – falls das nicht möglich ist– sich zunächst für ein Ziel zu entscheiden.

Coaching-Übung

Beginnen Sie den Tag mit etwas Wichtigem! Gehen Sie dazu die Liste mit Ihren Zielen durch.

- Welche Ziele sind verbündete Ziele?
- Welches Ziel stört die anderen Ziele?
- Welches Ziel kommt unter die Räder?
- Welches Ziel ist ein Nebenbei-Ziel?
  Was wäre, wenn Sie morgen die ersten 30 min für ein Ziel investieren, das bis jetzt immer unter die Räder gekommen ist?

Erfolgskontrolle: Gelerntes in den Alltag integrieren

Zum Abschluss eines Coaching-Prozesses sollten Methoden stehen, die den Coachee beim Transfer neuer Ideen und Verhaltensweisen in den Alltag zu unterstützen. Das in besonders wichtig bei herausfordernden und komplexen Zielen. Eine zentrale Methode, um den Transfer zu unterstützen ist, am Ende des Coachings zu überlegen, wie die konkrete Zukunft im Bezug auf ein Ziel aussieht und welches die ersten Schritte auf dem Weg dorthin sind.

► Unter ichraum.de/oekocheck finden Sie ein Coaching-Tool, dass dazu beitragen kann potentielle Hürden und Schwierigkeiten zu erkennen, die sich bei der Umsetzung eines Ziels ergeben können. Dann können bereits passende Strategien und Verhaltensweisen entwickelt werden.

Erinnerungshilfen Sie können mit ihrem Coachee überlegen, was ihn dabei unterstützen kann, sich an das Ziel bzw. die geplante Verhaltensänderung zu erinnern. Das kann ein Gegenstand für die Hosentasche sein, der daran erinnert, in einer stressigen Situation zu erst tief durchzuatmen oder ein Bild im Büro, das an eine aufrechte und selbstbewusste Haltung erinnert, oder ein Musikstück, das an stärkende Erfahrungen erinnert.

Stärkende innere Bilder Auch innere Bilder kann der Coach als Ressource nutzen, die ihn dabei unterstützen, ein Ziel zu erreichen. Sie können den Coach an Ideen und Möglichkeiten erinnern, die im Coaching erarbeitet wurden, und erlauben ihm, sich mental in einen ressourcenorientierten Zustand zu versetzen.

Mit Scheitern umgehen Um ein Ziel tatsächlich zu erreichen ist es wesentlich, die Motivation auch dann aufrecht zu erhalten, wenn etwas schiefgegangen ist oder Schwierigkeiten auftreten. Im Coaching können Sie das mögliche Scheitern vorbereiten, z. B. indem Sie mit Ihrem Coachee gezielt Situationen überlegen, in denen es vielleicht noch nicht gelingen wird, das Ziel zu erreichen. Das kann den Blick schärfen für die Situationen, in denen es gelingen wird, neue Verhaltensweisen oder Strategien umzusetzen. Außerdem können Sie Situationen, in denen etwas nicht geklappt hat, oder die der Coachee als Scheitern erlebt hat, nutzen, um daraus Ideen für Veränderungen abzuleiten.

Social Support Eine weitere Ressource, die einen Coachee beim Erreichen eines Ziels unterstützen kann, ist die soziale Umwelt. Der Coachee kann überlegen, welche Personen in seinem Umfeld hilfreich für das Ziel sind und dazu beitragen können, das Ziel zu erreichen. Überlegen Sie dann gemeinsame Strategien, wie diese Personen „eingeweiht" werden können und für das eigene Ziel genutzt werden können.

Coaching-Übung

- Welches Ziel möchten Sie in der nächsten Zeit erreichen?
- Was wäre, wenn Sie sich selbst eine Postkarte schreiben, die Sie in vier Wochen erreichen soll? Eine Leitfrage könnte sein: Heute in vier Wochen – Was könnte ich da im Blick auf mein Ziel gebrauchen?
- Was tut mir gut?
- An was möchte ich mich gerne selbst erinnern?
- Was möchte ich mir selbst mit auf den Weg geben?

Was Sie aus diesem Essential mitnehmen können

- Das Rubikon-Modell beschreibt in vier Phasen zielbezogenes Handeln. Die Unterscheidung von Motivation und Volition hilft dabei, die passenden Strategien auszuwählen.
- Die Voraussetzung für das Erreichen eines Ziels ist, dass der Rubikon überschritten ist. Die Entscheidung für ein Ziel ist gefallen, jetzt geht es an die konkrete Umsetzung.
- Das Vorgehen in Bezug auf das Ziel muss geplant werden. Bei einfach strukturierten Zielen unterstützt eine genaue und spezifische Formulierung des Ziels, bei globaleren Zielen ist die Formulierung von haltungsbezogenen Motto-Zielen hilfreich.
- Der Coachee muss sich mit dem Ziel persönlich identifizieren können. Ist das Ziel mit positiven somatischen Markern und mit klaren, wünschenswerten Bildern vom Ziel verbunden?
- Wenn-Dann Plänen verknüpfen innere oder äußere Reize (Wenn-Teil) mit konkreten Verhaltensweisen (Dann-Teil) und unterstützen den Coachee, im Bezug auf ein Ziel die Selbststeuerung zu übernehmen.
- Der Erfolg eines Coachings hängt auch von geeigneten Transfer-Strategien ab, die den Coachee unterstützten, Gelerntes in den Alltag zu integrieren und umzusetzen.

J. Moskaliuk, *Motivationspsychologie für die Berufspraxis,* essentials,
DOI 10.1007/978-3-658-09601-4

Quellen und weiterführende Literatur

Bucci, W. (1997). *Psychoanalysis and cognitive science: A multiple code theory*. New York: The Guilford Press.

Gollwitzer, P. M. (1999). Implementation intentions: Strong effects of simple plans. *American Psychologist, 54,* 493–503.

Gollwitzer, P. M., & Brandstätter, V. (1997). Implementation intentions and effective goal pursuit. *Journal of Personality and Social Psychology, 73,* 186–199.

Heckhausen, H., & Gollwitzer, P. M. (1987). Thought contents and cognitive functioning in motivational versus volitional states of mind. *Motivation and Emotion, 11,* 101–120.

Heckhausen, J., & Heckhausen, H. (2006). *Motivation und Handeln*. Heidelberg: Springer.

Krause, F., & Storch, M. (2006). Ressourcenorientiert coachen mit dem Zürcher Ressourcen Modell–ZRM. *Psychologie in Österreich, 26,* 32–43.

Kuhl, J. (1992). A theory of self-regulation: Action versus state orientation, self-discrimination, and some applications. *Applied Psychology, 41,* 97–129.

Kuhl, J. (2001). *Motivation und Persönlichkeit*. Interaktionen psychischer Systeme. Göttingen: Hogrefe.

Locke, E. A. (1996). Motivation through conscious goal setting. *Applied and Preventive Psychology, 5,* 117–124.

Locke, E. A., & Latham, G. P. (2002). Building a practically useful theory of goal setting and task motivation: A 35-year odyssey. *American Psychologist, 57,* 705–717.

Trope, Y., & Liberman, N. (2010). Construal-level theory of psychological distance. *Psychological Review, 117,* 440–463.

J. Moskaliuk, *Motivationspsychologie für die Berufspraxis,* essentials,
DOI 10.1007/978-3-658-09601-4